예수가
내 인생에
들어오시면

예수가
내 인생에 들어오시면
『만남은 멈추지 않는다』 워크북

© 생명의말씀사 2019

2019년 2월 28일 1판 1쇄 발행

펴낸이 | 김재권
펴낸곳 | 생명의말씀사

등록 | 1962. 1. 10. No.300-1962-1
주소 | 서울시 종로구 경희궁1길 5-9(03176)
전화 | 02)738-6555(본사)·02)3159-7979(영업)
팩스 | 02)739-3824(본사)·080-022-8585(영업)

지은이 | 김형국

기획편집 | 서정희, 장주연
디자인 | 윤보람
인쇄 | 영진문원
제본 | 정문바인텍

ISBN 978-89-04-13213-3 (03230)

저작권자의 허락없이 이 책의 일부 또는 전체를
무단 복제, 전재, 발췌하면 저작권법에 의해 처벌을 받습니다.

나만의 예수를 만나는
묵상 노트

예수가
내 인생에
들어오시면

「만남은 멈추지 않는다」
워크북

김형국 지음

생명의말씀사

예수와 깊이 만나 가는 것이
그리스도인의 여정입니다.

목차

들어가며_ 예수를 만나도 변하지 않는다? 그게 가능한가요? •8

1. 관심을 가졌지만 •12
"물론 삶의 변화를 꿈꿉니다. 그런데 어떤 책을 읽어도,
그 누구를 만나도 변하지 않아요. 왜 그럴까요?"

2. 영접했지만 •26
"예수를 믿어요. 세례도 받았어요. 헌금도 하고, 봉사도 하고….
바르게 살려고 노력합니다. 그런데 나한테 문제가 있다니요…."

3. 열심히 믿었지만 •40
"진짜 중요한 문제여서 열심히 기도했는데…. 믿고 간절히 기도했는데
아무런 응답이 없어요. 혼란스럽고 참담합니다."

4. 성경을 많이 배웠지만 •54
"저 사람은 성경을 줄줄 외우는데, 삶과 인격은 그대로네요."

5. 은혜를 입었지만 •68

"처음엔 하나님이 함께하시니 세상이 다르게 보였어요. 큰 위험에서
하나님의 도우심도 받았지요. 그런데 저는… 옛날과 달라진 게 없어요…."

6. 교회를 오래 다녔지만 •82

"십자가를 물고 태어났는데 나는 왜 변하지 않을까?
왜 나에게는 생명력이 없을까?"

7. 십자가의 예수를 만났지만 •96

"나는 예수를 만나 예수와 함께 가는 사람인가?
예수를 만났으나 내 갈 길로 가는 사람인가?"

8. 예수가 내 인생에 들어오시면 •110

들어가며

예수를 만나도 변하지 않는다? 그게 가능한가요?

『만남은 멈추지 않는다』 서문에서도 밝혔지만, 고양이 한 마리가 집에 들어와도 인생이 바뀝니다. 오늘도 이 워크북 작업을 하는 내내 쥬디는 저를 외롭지 않게 해주네요. 그런데 세상과 우리를 만드신 예수가 우리 가운데 오셨는데 변하지 않는다고요?

이 책은 사복음서에 그려진 예수와 그를 만났던 사람들의 이야기를 담은 책『만나지 않으면 변하지 않는다』를 낸 이후, 예수를 만났는데도 삶이 변하지 않는다는 분들을 위해서 쓴 책『만남은 멈추지 않는다』의 워크북으로, 예수를 알아 가고 자신을 성찰하는 분들을 돕기 위해서 쓰였습니다. 이 묵상 노

트이자 워크북은 『만남은 멈추지 않는다』를 읽지 않아도, 성경 본문만을 가지고도 묵상과 그룹 토의를 할 수 있도록 디자인되었습니다. 하지만 성경 본문과 책을 함께 사용한다면, 더 큰 통찰과 도전을 얻을 수 있을 것입니다.

  이 워크북을 다음과 같이 사용할 것을 권합니다. 첫 이야기부터 마지막까지 순서를 따라 다루는 것이 좋지만, 일곱 가지 이야기 중에서 먼저 관심이 가는 부분부터 읽고 묵상해도 좋습니다. 가능하면 각 장을 3일 정도에 나누어서 묵상하는 것을 추천합니다.
  물론 이 모두를 하루에 할 수도 있고, 또는 셋째 날의 내용만을 다룰 수도 있습니다. 그러나 진정으로 나를 변화시키기 위해 찾아오시는 예수를 만나기 원한다면, 각자 조용한 시간을 내어서 그분을 깊이 생각하고, 나 자신을 성찰하는 것이 필요합니다. 예수에 대한 지식을 얻기 위해서가 아니라, 당신을 찾아오시는 예수를 만나고 싶다면 말입니다.

  첫째 날은 성경 본문을 읽으면서 성경 본문 속에 나타난 예수와 그분을 만난 사람들을 관찰하고, 나의 삶의 정황과 나 자신과 나를 찾아오시는 예수님을 묵상합니다.

둘째 날은 『만남은 멈추지 않는다』의 해당 장을 읽고, 전날 살펴보았던 예수와 자신에 대해서 좀 더 깊은 묵상을 합니다(책을 읽지 않을 경우, 셋째 날로 곧장 넘어가도 됩니다).

셋째 날은 워크북의 질문들을 통해 좀 더 깊이 있는 질문에 답을 생각하면서 내면적 성찰을 더해 봅니다.

이렇게 개인적으로 묵상한 내용을 워크북에 잘 정리해서 일기나 에세이를 쓰듯이 적어 보는 것은 각자의 영적 성숙과 신앙 여정에 큰 도움이 될 것입니다. 그룹으로 또는 일대일로 토론할 때는 위의 과정을 마친 후에, 워크북의 질문을 통해 자신이 발견한 예수에 대해, 그리고 자신의 상황에 대해, 그 상황 속에서 만난 예수에 대해 이야기를 나누어 보십시오.

성경의 이야기들은 단지 2천 년 전의 죽은 이야기가 아닙니다. 교회를 오래 다닌 사람들은 예수에 대한 기대감이 없어 얕은 지식을 가지고 있고, 또한 자신을 성찰하지 않아서 예수를 만났는데도 변화가 없는 경우가 있습니다. 모든 만남이 그렇듯이 피상적인 만남은 어떤 변화도 가져오지 못합니다.
예수와 깊이 만나 가는 것이 그리스도인의 여정입니다. 이 이야기들을 통해서 오늘도 우리를 변화시키시는 예수를 만나기를, 자신을 더욱 깊이 성찰하게 되기를 기도합니다.

나들목교회네트워크
하나님나라복음DNA네트워크
김형국 목사

관심을 가졌지만

1

"물론 삶의 변화를 꿈꿉니다. 그런데 어떤 책을 읽어도,
그 누구를 만나도 변하지 않아요. 왜 그럴까요?"

레위가 자기 집에서 예수에게 큰 잔치를 베풀었는데, 많은 세리와 그 밖의 사람들이 큰 무리를 이루어서, 그들과 한자리에 앉아서 먹고 있었다. 바리새파 사람들과 그들의 율법학자들이 예수의 제자들에게 불평하면서 말하였다. "어찌하여 당신들은 세리들과 죄인들과 어울려서 먹고 마시는 거요?" 예수께서 그들에게 대답하셨다. "건강한 사람에게는 의사가 필요하지 않으나, 병든 사람에게는 필요하다. 나는 의인을 부르러 온 것이 아니라, 죄인을 불러서 회개시키러 왔다."

_누가복음 5장 29-32절 (새번역)

1. 영화를 보듯이 레위의 잔칫집을 상상해 보십시오. 당신이 카메라 감독이라면 카메라를 어떻게 움직이겠습니까?

2. 바리새파 사람들과 율법학자들의 표정과 그 뒤에 숨은 그들의 마음을 생각해 보십시오.

3. 예수의 말씀을 들은 바리새파 사람들, 레위와 그의 친구들, 그리고 제자들의 마음이 어떠했을지 상상해 보십시오.

4. 당신은 위의 세 종류의 사람들 중에 누구와 가깝습니까? 그 이유는 무엇인지 생각해 보십시오.

Q_1

자신이 다 안다고 생각하고 새로운 것을 배울 생각이 없는 사람은 책을 읽어도 변하지 않습니다. 자신의 오랜 습관에 심각한 문제가 있다는 사실을 절감하지 않으면 옛 습관에서 좀처럼 벗어나지 못합니다. 사람을 만나도 자신에게 얼마나 소중한 사람인지, 얼마나 필요한 존재인지를 인식하지 못하면 피상적 관계만 맺습니다.

예수와의 만남도 비슷합니다. 예수가 누구신지 알고 관심을 가진다고 해서 모두가 변화를 경험하는 것은 아닙니다. 자신이 어떤 상태인지, 예수가 누구신지를 잘 알지 못하면 스쳐 지나가는 만남으로 끝납니다.

당신은 언제, 어떻게 예수를 처음 접했습니까? 그때와 지금, 예수에 관한 생각은 얼마나 달라졌습니까?

예수가 내 인생에 들어오시면

Q₂

레위는 자신이 일하던 세관에서 벌떡 일어나 예수를 따릅니다. 지금까지 살아왔던 삶의 방향을 과감하게 바꿉니다. 성경은 이것을 '회개'라고 부릅니다. 자기 중심으로 제멋에 겨워 살던 사람이 하나님 중심으로 삶의 토대를 바꾸는 '생의 전환'이 회개입니다. 자기를 버리는 일은 지금까지 지켜 온 세계를 무너뜨리는 일입니다.

주변에서 이런 결단과 전환을 본 적이 있습니까?

예수가 내 인생에 들어오시면

Q3

죄의 영향을 제대로 파악하려면 자신을 정직하게 성찰해야 합니다. '진실한 성찰'이 필요합니다. '성찰'reflection은 말 그대로 자신을 거울에 비춰 보는 것입니다. 그런데 성찰은 쉽지가 않습니다. 그 이유는 거울이 없기 때문입니다.

당신은 무엇이 잘못되고 있다는 것을 판단하기 위해 어떤 기준을 자주 사용합니까? 당신을 자주 비춰 보는 거울은 무엇입니까?

예수가 내 인생에 들어오시면

20
21

Q4

그리스도인의 가장 큰 특권은 자신을 비출 수 있는 맑고 깨끗한 거울, 예수 그리스도가 있다는 것입니다. 예수가 누구신지를 제대로 알수록 그 거울에 비친 내 모습도 정확해집니다. 예수를 얕게 알면 그에 비친 내 모습도 얄팍해집니다.

당신이 아는 예수는 어떤 인물입니까? 그에 비친 당신은 또 누구입니까?

예수가 내 인생에 들어오시면

22
23

Q5

급진적 회복이나 치유도 있지만, 참된 변화는 대개는 꾸준히 조금씩 이루어집니다. 생의 한 영역이 변하면, 변해야 하는 다른 영역이 이어서 나옵니다. 인생은 여러 영역으로 연결되어 있습니다. 그 영역들을 차근차근 차례대로 변화시켜 나가면서 온전한 인격을 지니게 하는 것, 우리를 예수 닮은 사람으로 바꿔 나가는 것이 그분이 우리를 통해서 하고 싶어 하시는 놀라운 일입니다.

예수의 끈질긴 진심과 관심으로 당신에게 이루어질 변화를 꿈꾸어 보십시오. 어떤 변화를 기대할 수 있겠습니까?

예수가 내 인생에 들어오시면

영
접
했
지
만

2

"예수를 믿어요. 세례도 받았어요. 헌금도 하고, 봉사도 하고….
바르게 살려고 노력합니다. 그런데 나한테 문제가 있다니요…."

바리새파 사람 가운데서 어떤 사람이 예수께 청하여, 자기와 함께 음식을 먹자고 하였다. 그래서 예수께서는 그 바리새파 사람의 집에 들어가셔서, 상에 앉으셨다. 그런데 그 동네에 죄인인 한 여자가 있었는데, 예수께서 바리새파 사람의 집에서 음식을 잡숫고 계신 것을 알고서, 향유가 담긴 옥합을 가지고 와서, 예수의 등 뒤에 발 곁에 서더니, 울면서, 눈물로 그 발을 적시고, 자기 머리털로 닦고, 그 발에 입을 맞추고, 향유를 발랐다.

예수를 초대한 바리새파 사람이 이것을 보고, 혼자 중얼거렸다. "이 사람이 예언자라면, 자기를 만지는 저 여자가 누구이며, 어떠한 여자인지 알았을 터인데! 그 여자는 죄인인데!" 예수께서 그에게 말씀하셨다. "시몬아, 네게 할 말이 있다." 시몬이 말했다. "선생님, 말씀하십시오." 예수께서 말씀하셨다. "어떤 돈놀이꾼에게 빚진 사람 둘이 있었는데, 한 사람은 오백 데나리온을 빚지고, 또 한 사람은 오십 데나리온을 빚졌다. 둘이 다 갚을 길이 없으므로, 돈놀이꾼은 둘에게 빚을 없애주었다. 그러면 그 두 사람 가운데서 누가 그를 더 사랑하겠느냐?" 시몬이 대답하였다. "더 많이 빚을 없애준 사람이라고 생각합니다." 예수께서 그에게 말씀하셨다. "네 판단이 옳다."

그런 다음에, 그 여자에게로 돌아서서, 시몬에게 말씀하셨다. "너는 이 여자를 보고 있는 거지? 내가 네 집에 들어왔을 때에, 너는 내게 발 씻을 물도 주지 않았다. 그러나 이 여자는 눈물로 내 발을 적시고, 자기 머리털로 닦았다. 너는 내게 입을 맞추지 않았으나, 이 여자는 들어와서부터 줄곧 내 발에 입을 맞추었다. 너는 내 머리에 기름을 발라 주지 않았으나, 이 여자는 내 발에 향유를 발랐다. 그러므로 내가 네게 말한다. 이 여자는 그 많은 죄를 용서받았다. 그것은 그가 많이 사랑하였기 때문이다.

용서받는 것이 적은 사람은 적게 사랑한다." 그리고 예수께서 그 여자에게 말씀하셨다. "네 죄가 용서받았다."

그러자 상에 함께 앉아 있는 사람들이 속으로 수군거리기를 "이 사람이 누구이기에 죄까지도 용서하여 준다는 말인가?" 하였다. 그러나 예수께서는 그 여자에게 말씀하셨다. "네 믿음이 너를 구원하였다. 평안히 가거라."

_누가복음 7장 36–50절(새번역)

---

1. 영화를 보듯이 이 장면을 상상해 보십시오.

2. 예수를 자기 집에 초대한 시몬이 예수가 집에 발을 들여놓으셨을 때부터 대화가 끝날 때까지 어떤 표정이었을지 상상해 보십시오.

3. 불청객이었던 여인의 마음이 어떠했을지 상상해 보십시오.

4. 시몬을 바라보며 여인에게 말씀하시는 예수님의 마음과 관심에 대해서 묵상해 보십시오.

Q6

예수를 자기 집에 초대한 시몬의 결정은 꽤 과감한 선택이었습니다. 그만큼 시몬은 예수에게 관심이 있었고 집에까지 초대했습니다. 그런데 예수가 누구신지는 정확히 몰랐습니다.

현대의 그리스도인도 삶의 한구석에 예수를 영접합니다. 그러고는 세속에 찌든 마음을 정화하고, 살아가면서 겪는 여러 어려움을 위로받으려 합니다. '언제나 내 편이 되어 주시는 분이 계시지'라는 심리적 안정감을 얻고 싶어 합니다. 하지만 시몬이 그랬듯 예수를 잘 모릅니다.

시몬과 이들은 왜 예수를 잘 모르면서도 자기 삶과 연결하려 하는 것일까요? 이들이 예수를 초대하고 받아들인 목적은 무엇일까요? 당신의 경우는 어떠합니까?

예수가 내 인생에 들어오시면

30
31

Q 7

초점은 잠시 의문의 여인에게로 옮겨갑니다. 초대한 사람은 시몬인데, 스포트라이트는 여인에게 쏟아집니다. 여인은 예수 앞으로 쭈뼛쭈뼛 잘 나서지 못합니다. 자신만만하게 예수를 초대한 시몬의 태도와 대비됩니다.

여인은 왜 그렇게 자신을 예수 앞에 내보이기가 힘들었을까요? 이 여인은 자신을 어떤 사람이라고 생각했습니까? 또한 시몬은 자신을 어떤 사람이라고 생각했습니까?

시몬은 삶의 한 부분에 예수를 들이지만, 여인은 삶의 중심에 모십니다. 같은 영접이지만, 엄청나게 다른 영접이었습니다.

어떻게 이 여인은 예수를 삶의 중심에 받아들일 수 있었을까요?

예수가 내 인생에 들어오시면

Q8

예수를 죄 사하시는 분으로 영접하려면, 나 자신이 죄인이라는 인식이 선행되어야 합니다. 죄는 단지 윤리 문제가 아니라, 그 너머 더욱 근본적인 우리 생명의 문제와 연관됩니다.

우리에게 생명을 주시고 매일 살아가도록 은혜를 베푸시며 이끌어 주시는 분이 계시는데, 그분을 무시하는 것이 바로 죄입니다. 그분을 무시하면서 나보다 못한 사람을 죄인이라고 여기며 자신은 죄인이 아니라고 합니다. 시몬은 자신을 죄인이라 여기지 않았고, 그래서 예수를 초대했지만 그분을 향한 어떤 감격도, 감사도 없었습니다.

당신에게 예수는 호기심과 탐구 대상입니까? 아니면 그 앞에 엎드려 감사를 표해야 하는 대상입니까?

예수가 내 인생에 들어오시면

Q9

우리의 본질적 문제는 필요할 때만 예수를 찾으며 친구처럼 여기는 것입니다. 급할 때 빼고는 하나님 없이도 괜찮다는 삶의 자세를 유지합니다. 현대의 그리스도인은 하나님 없이 자기 힘으로 살 수 있다는 어리석음에 사로잡혀 있습니다. 자신의 추함과 별 볼 일 없음, 전전긍긍하는 삶은 철저히 감춘 채 살아갑니다. 잘 감추며 죽을 때까지 살 수 있다고 생각합니다.

사실은 그러한 삶이 하나님을 무시하며 사는 인생이며, 가장 큰 문제입니다. 겉으로는 멀쩡해도 파산 직전인 인생이 적지 않습니다. 부도난 상태에서 계속 결제일만 늦추는 셈입니다. '괜찮아, 괜찮아. 다들 이렇게 살아' 하면서 하나님 없이도 아무렇지 않은 척 살아갑니다.

그렇게 언제 터질지 모르는 시한폭탄 같은 삶이 어리석은 삶이라면, 그 반대는 무엇일까요?

예수가 내 인생에 들어오시면

36
37

Q 10

예수는 여인에게처럼 시몬에게도 참 평안을 주시고 싶었습니다. 주님은 여인을 만나러 시몬의 집에 간 것이 아니라, 시몬을 만나기 위해 시몬의 집에 가셨습니다. 예수는 시몬의 집에서 벌어진 돌발적인 사건을 통해 시몬이 살고 있는 진짜 집의 문을 두드리셨습니다.

시몬은 그 문을 열 수 있을까요? 당신은 예수를 집에는 영접했지만, 마음에는 영접하지 않은 시몬으로 살고 싶습니까? 아니면 마음에 영접한 여인처럼 살고 싶습니까? 당신에게 필요한 것은 무엇입니까?

예수가 내 인생에 들어오시면

열심히 믿었지만

3

"진짜 중요한 문제여서 열심히 기도했는데…. 믿고 간절히 기도했는데 아무런 응답이 없어요. 혼란스럽고 참담합니다."

무리 가운데 열두 해 동안 혈루증으로 앓는 여자가 있었는데 [의사에게 재산을 모두 다 탕진했지만] 아무도 이 여자를 고쳐주지 못하였다. 이 여자가 뒤에서 다가와서는 예수의 옷술에 손을 대니, 곧 출혈이 그쳤다. 예수께서 물으셨다. "내게 손을 댄 사람이 누구냐?" 사람들이 모두 부인하는데, 베드로가 말하였다. "선생님, 무리가 선생님을 에워싸서 밀치고 있습니다." 그러자 예수께서 말씀하셨다. "누군가가 내게 손을 댔다. 나는 내게서 능력이 빠져나간 것을 알고 있다."
그 여자는 더 이상 숨길 수 없음을 알고서, 떨면서 나아와 예수께 엎드려서, 그에게 손을 댄 이유와 또 곧 낫게 된 경위를 모든 백성 앞에 알렸다. 그러자 예수께서 그 여자에게 말씀하셨다. "딸아, 네 믿음이 너를 구원하였다. 평안히 가거라."

_누가복음 8장 43-48절 (새번역)

---

1. 영화를 보듯이 이 장면을 상상해 보십시오. 여주인공은 어떤 상태였을지 상상해 보십시오.

2. 자신에게서 능력이 나감을 인지하신 예수의 질문에 답변하는 베드로를 마음속으로 그려 보십시오.

3. 병이 나은 여인에게서, 이번에는 병이 낫지 않은 수많은 병자의 마음과 표정을 상상해 보십시오.

4. 이 기적을 통해서 예수가 우리에게 알려 주시고 싶은 진리는 무엇일까요?

Q 11

예수 주변에 몰려든 수많은 사람도 저마다 소원을 품고 찾아왔습니다. 그런데 피가 멈추지 않는 병을 앓고 있던 한 여인의 소원만 이루어집니다. 왜 그랬을까요? 그 여인의 기도가 누구보다 간절했기 때문일까요? 그녀의 믿음이 예수가 정한 어떤 기준에 부합해서일까요?

당신도 간절히 기도했지만 기도가 응답받지 못한 경우가 있나요? 그 이유가 무엇이라고 생각합니까?

예수가 내 인생에 들어오시면

Q 12

우리는 무언가 간절히 바라고 크게 부르짖으면 신이 그 소리를 듣고 반응한다는 생각에 익숙합니다. 그래서 기도 소리도 점점 커집니다. 하지만 하나님은 큰 소리로 기도하면 들으시고, 작은 소리로 기도하면 듣지 못하시는 분이 아닙니다.

한국 문화에 익숙하고 샤머니즘이 뼛속 깊이 박힌 우리는 믿음을 신심이라고 생각하는 경향이 강합니다. 하지만 성경에서 가르치는 믿음은 간절함과는 거리가 멉니다. 성경에서 무언가를 믿는다고 할 때, 그 믿음의 대상은 자기가 원하는 바가 아닙니다.

그렇다면 성경은 무엇을 믿어야 한다고 말합니까?

예수가 내 인생에 들어오시면

Q 13

"때가 찼고 하나님의 나라가 가까이 왔으니 회개하고 복음을 믿으라"라고 예수는 가르치셨습니다. 병이 나은 여인의 믿음은 '이 사람에게 손을 대면 낫겠구나' 하는 믿음이 아니었습니다. '예수가 메시아이실지 몰라! 그분이 메시아라면 세상을 회복하시는 분일 테고, 그러면 내 문제도 해결하실지 몰라'라는 작고 가녀린 믿음이었습니다. 예수가 누구신지에 관한 인식과 인정이 믿음의 내용이었습니다.

당신의 믿음의 내용은 무엇입니까? 당신의 소원이 이루어지는 것입니까? 아니면 예수가 그 소원에 관심이 있으시고, 자신의 계획과 방법대로 그 문제를 다루기 원하신다는 사실을 믿는 것입니까?

예수가 내 인생에 들어오시면

Q 14

하나님은 내 마음대로 부릴 수 있는 자가용 같은 분이 아니십니다. 나만을 위해 존재하시는 분도, 나만 귀하다고 하시는 분도 아닙니다. 하나님은 깨진 세상, 불의가 판치는 세상을 심판하고 회복하기 원하시는 분입니다. 그래서 예수를 메시아로 보내셨습니다.

그런데 세상을 심판하러 오신 메시아가 오히려 그 심판을 대신 받고 십자가에서 죽으셨습니다. 이를 통해 심판은 지금도 유예되고 있습니다. 하나님은 하나님께 돌아올 기회를 사람들에게 주신 다음, 마지막에 완벽하게 심판하시고, 완벽하게 회복하실 것입니다. 이것이 바로 예수가 믿으라고 했던 복음의 내용입니다. 메시아가 다스리시는 하나님 나라는 이미 시작됐지만, 아직 완전하게 오지는 않았습니다. 믿음으로 병이 낫기를 기도하지만, 믿고 기도해도 병이 안 나을 때가 있습니다. 하나님이 치유가 필요하면 낫게 하시고, 그렇지 않으면 불러 가십니다.

당신은 예수가 메시아이시며, 하나님 나라를 시작하셨고, 결국 완성하실 것이라는 사실에 대해 어떻게 반응합니까?

예 수 가 내 인 생 에 들 어 오 시 면

Q 15

하나님이 하나님이시라는 믿음이 있고 지금도 다스리고 계신다고 믿는다면, 그분이 내 코끝 앞에서 기도를 듣고 계신다고 믿을 수 있습니다. 삶에 뜻밖의 고통이 찾아와도 "하나님, 제 뜻대로 마시고 하나님의 뜻대로 해주십시오"라고 기도하며 하나님을 의지할 것입니다. 이 겨자씨만 한 믿음을 예수는 우리에게 기대하십니다.

오늘 당신에게 필요한 겨자씨만 한 믿음은 무엇입니까?

예수가 내 인생에 들어오시면

성경을 많이 배웠지만

4

"저 사람은 성경을 줄줄 외우는데,
삶과 인격은 그대로네요."

예수께서 말씀하실 때에, 바리새파 사람 하나가 자기 집에서 잡수시기를 청하니, 예수께서 들어가서 앉으셨다. 그런데 그 바리새파 사람은, 예수가 잡수시기 전에 먼저 손을 씻지 않으신 것을 보고, 이상히 여겼다.
그러나 주님께서는 그에게 말씀하셨다. "지금 너희 바리새파 사람들은 잔과 접시의 겉은 깨끗하게 하지만, 너희 속에는 탐욕과 악독이 가득하다. 어리석은 사람들아, 겉을 만드신 분이 속도 만들지 아니하셨느냐? 그 속에 있는 것으로 자선을 베풀어라. 그리하면 모든 것이 너희에게 깨끗해질 것이다. 너희 바리새파 사람들에게 화가 있다! 너희는 박하와 운향과 온갖 채소의 십일조는 바치면서, 정의와 하나님께 대한 사랑은 소홀히 한다! 그런 것들도 반드시 행해야 하지만, 이런 것들도 소홀히 하지 않았어야 하였다. 너희 바리새파 사람들에게 화가 있다! 너희는 회당에서 높은 자리에 앉기를 좋아하고, 장터에서 인사 받기를 좋아한다! 너희에게 화가 있다! 너희는 드러나지 않게 만든 무덤과 같아서, 사람들이 그 위를 밟고 다니면서도, 그것이 무덤인지를 알지 못한다!"
율법교사 가운데 어떤 사람이 예수께 말하였다. "선생님, 선생님이 이렇게 말씀하시면, 우리까지도 모욕하시는 것입니다." 예수께서 말씀하셨다. "그렇다. 너희 율법교사들에게도 화가 있다! 너희는 지기 어려운 짐을 사람들에게 지우면서, 너희 자신은 손가락 하나도 그 짐에 대려고 하지 않는다! 너희에게 화가 있다! 너희는 너희 조상들이 죽인 예언자들의 무덤을 세운다. 그렇게 함으로써 너희는 너희 조상들이 저지른 소행을 증언하며 찬동하는 것이다. 너희의 조상들은 예언자들을 죽였는데, 너희는 그들의 무덤을 세우기 때문이다. 그러므로 하나님의 지혜도 말하기를 '내가 예언자들과 사도들을 그들에게 보내겠는데, 그들은 그 가운데서 더러는 죽이고, 더러는 박해할 것이다' 하였다. 창세 이래로 흘린 모든 예언자들의 피의 대가를 이 세대에게 요구할 것이다. 아벨의 피에서 비롯하여 제단과 성소 사이에서 죽은 사가랴의 피에 이르기까지 말이다. 그렇다. 나는 너희에게 말한다. 이 세대가 그 책임을 져야 할 것이다. 너희 율법교사들에게 화가 있다! 너희는 지식의 열쇠를 가로채서, 너희 자신도 들어가지 않고, 또 들어가려고 하는 사람들도 막았다!"

예수께서 그 집에서 나오실 때에, 율법학자들과 바리새파 사람들은 잔뜩 앙심을 품고서, 여러 가지 물음으로 예수를 몰아붙이기 시작하였다. 그들은 예수의 입에서 나오는 말에서 트집을 잡으려고 노렸다.

_누가복음 11장 37-54절 (새번역)

---

1. 예수가 바리새인들과 율법학자들에게 무엇을 말씀하고 계시는지 주의 깊게 살펴보십시오.

2. 예수의 가르침에 반발하는 율법학자들의 마음은 어떠했을까요?

3. 이렇게 힐난하시는 예수의 모습은 당신이 생각해 왔던 예수의 모습과 비슷한가요? 아니라면 어떤 면에서 다른가요?

4. 성경을 읽고 사용하는 면에서 바리새인들과 율법학자들과 당신을 비교해 보십시오. 어떤 면에서 비슷하고, 또 어떤 면에서 다른지 묵상해 보십시오.

Q 16

예수와 논쟁했던 바리새인과 율법학자들은 평생 율법을 공부하고 가르쳤습니다. 그 지식과 언행을 바탕으로 지도자 대접을 받았습니다. 그런데도 예수가 누구신지 전혀 알지 못했고, 예수와 대립각을 세웁니다. 예수는 그들에 대해 "겉은 깨끗하지만 속은 탐욕과 악독으로 가득 찼다"라고 평가하십니다. 예수는 외부에서 내면으로 초점을 이동시키십니다. 탐욕과 악독 대신에 하나님의 정의와 사랑이 내면을 지배하고, 사람보다는 하나님께 인정받는 것이 중요하다고 가르치십니다.

당신의 내면은 무엇으로부터 에너지를 얻고 있습니까? 현재 당신을 가장 격렬하게 움직이게 만드는 것은 무엇입니까?

예수가 내 인생에 들어오시면

Q 17

성경은 끊임없이 나 자신과 세상을 정확히 보도록 도전합니다. 성경을 줄줄 읊어 댈지라도, 내면을 말씀에 비춰 보지 않으면 나와 세상을 잘못 해석하고 거기에 고착되기 쉽습니다. 그러면서 왜곡된 인격과 이상한 라이프스타일이 나옵니다. 내면을 성찰하라는 말은 더 착해지고 고상해지라는 것이 아니라, 우리가 사는 세상과 나 자신을 더 정확하게 보고 실체에 더 가까워지라는 요청입니다.

당신이 세상과 자신을 실제에 가깝게 바라보고 있다고 생각하다가 이런 생각이 흔들렸던 경험이 있습니까? 언제 그런 것을 느낍니까?

예수가 내 인생에 들어오시면

Q 18

실제 나 자신과 실제로 일어난 일에서 멀어질수록 불완전한 것이며, 사실은 속임수입니다. 기독교는 그 속임수를 넘어서는 것입니다. 속임수를 뿌리치고 실제 나 자신과 실제로 일어난 일에 점점 가까워지는 것입니다. 주일예배도 나의 내면을 돌아보기 위해 하나님 앞에 모여 앉는 것입니다. 조용히 진실에 눈을 뜨는 시간입니다. 단순히 도덕 교과서 한 페이지를 들으러 모이는 것이 아닙니다.

이번 주 당신이 만난 성경 이야기는 무엇입니까? 그 말씀은 당신에 관해, 또는 우리가 사는 세계에 관해 어떤 진실을 알려 주었습니까? 오늘 읽고 있는 이 본문은 당신과 세상에 대해 무엇이라고 말하고 있습니까?

예수가 내 인생에 들어오시면

Q 19

예수 메시아를 인생의 중심에 놓고 삶을 재조정한다는 것은 하나님의 자녀로 산다는 것입니다. 다른 종류의 삶을 선택하는 것입니다. 단순히 성경을 열심히 읽고 외워서 성경 지식을 습득하는 것은 기독교가 아닙니다. 성경이 처음부터 끝까지 일관되게 이야기하는 예수 메시아, 수많은 순교자가 고대하며 기꺼이 목숨을 내놓았던 예수 메시아, 그분을 발견하고 그분 중심으로 인생을 재조정하는 것이 기독교입니다.

하나님과의 관계(하나님을 알아 가고 사랑하는 것), 자신과의 관계(자기 부인과 성령 충만), 공동체와의 관계(형제 사랑과 섬김의 도), 세상과의 관계(복음 전도와 세상 경영)라는 인생의 네 영역을 예수 메시아를 중심으로 재편하는 것입니다.

당신은 예수 메시아를 중심축으로 하여 생활하고 있습니까? 인생의 어떤 영역에서 메시아이신 예수가 더욱 구체적으로, 또한 실제적으로 드러나야 할 것 같습니까?

예수가 내 인생에 들어오시면

Q 20

그리스도인의 삶은 평생 계속됩니다. 성숙에는 끝이 없습니다. 끊임없이 매일 조정하는 자세가 필요합니다. 이런 태도를 반복하면 라이프스타일이 됩니다. 그럴 때 비로소 변화가 일어납니다. 재조정하려는 자세와 결단을 반복하면 새로운 습관이 자리를 잡습니다.

하지만 많은 사람이 책을 읽거나 설교를 듣고 고개를 끄덕이다가도 잊어버리고, 다음에 다시 끄덕입니다. 동의하고 돌아가고, 동의하고 되돌아가는 삶에는 변화가 찾아오지 않습니다. 하나님은 우리가 변화하기를 원하십니다. 우리 각자의 속도에 맞춰 억지스럽지 않게, 우리 안에서 하나님의 형상이 완성될 때까지 하나님은 쉬지 않으십니다.

하나님의 형상이 완성될 때까지 당신에게 필요한 습관, 지금 필요한 새로운 습관은 무엇입니까?

예수가 내 인생에 들어오시면

은혜를 입었지만

5

"처음엔 하나님이 함께하시니 세상이 다르게 보였어요. 큰 위험에서 하나님의 도우심도 받았지요. 그런데 저는… 옛날과 달라진 게 없어요…."

예수께서 예루살렘으로 가시는 길에, 사마리아와 갈릴리 사이로 지나가시게 되었다. 예수께서 어떤 마을에 들어가시다가 나병환자 열 사람을 만나셨다. 그들은 멀찍이 멈추어 서서, 소리를 높여 말하였다. "예수 선생님, 우리를 불쌍히 여겨 주십시오." 예수께서는 보시고 그들에게 말씀하셨다. "가서, 제사장들에게 너희 몸을 보여라." 그런데 그들이 가는 동안에 몸이 깨끗해졌다.

그런데 그들 가운데 한 사람은 자기의 병이 나은 것을 보고, 큰 소리로 하나님께 영광을 돌리면서 되돌아와서, 예수의 발 앞에 엎드려 감사를 드렸다. 그런데 그는 사마리아 사람이었다. 그래서 예수께서 말씀하셨다. "열 사람이 깨끗해지지 않았느냐? 그런데 아홉 사람은 어디에 있느냐? 하나님께 영광을 돌리러 되돌아온 사람은, 이 이방 사람 한 명밖에 없느냐?" 그런 다음에 그에게 말씀하셨다. "일어나서 가거라. 네 믿음이 너를 구원하였다."

_누가복음 17장 11-19절 (새번역)

---

1. 자신의 병으로 예수에게 가까이 가지 못하고 소리를 지르는 열 명의 나병환자들을 상상해 보십시오.

2. 예수의 말씀을 듣고 제사장에게 가다 병이 치유되었을 때 이 열 명이 가졌던 기쁨과 감격을 상상해 보십시오.

3. 예수에게 돌아오지 않은 아홉과 달리 한 명만이 돌아와 감사를 표합니다. 그 이유가 무엇일지 상상해 보십시오.

4. 당신은 돌아오지 않은 아홉과 돌아온 한 명 중 어느 쪽에 가깝습니까? 이유는 무엇입니까?

Q 21

예수는 아직 낫지도 않은 그들에게 제사장에게 가서 몸을 보이라고 말합니다. 보통은 병이 나으면 제사장에게 확인을 받은 다음에 다른 사람들과 섞여 살 수 있었습니다. 그런데 이들은 아직 환자였습니다. 당신이 이들 중 한 명이었다면 어떻게 행동했을까요? 병이 낫지도 않았는데, 일단 가라니까 길을 떠났을까요?

어쩌면 이들도 반신반의했을지 모릅니다. 속는 셈 치고 길을 떠났을지 모릅니다. 정말 눈곱만 한 믿음, 겨자씨만 한 믿음입니다. 하지만 그 믿음으로 말미암아 제사장에게 가는 동안 기적처럼 병이 낫습니다. 이처럼 믿음은 행동을 수반합니다. 행동을 일으키지 않는 믿음은 빈 믿음입니다.

예수가 당신에게 요즈음 요구하시는 겨자씨만 한 믿음은 무엇입니까? 그 믿음에 따라 당신은 움직이고 있습니까?

예수가 내 인생에 들어오시면

Q 22

하나님이 하셨고, 하시고 있으며, 하실 일들을 우리가 믿을 때, 그리고 그 믿음이 우리의 행동을 이끌 때 하나님의 은혜가 우리를 찾아옵니다. 하나님은 우리를 구원하셔서 자녀로 삼으셨고, 지금도 녹록지 않은 인생길에 동행하고 계시며, 훗날 죽음 이후까지도 함께하겠다고 약속하십니다.

믿음으로 행동한 나병환자들에게 찾아온 은혜 역시 무척 특별했습니다. 악성 피부병이 사라지고 몸이 깨끗해졌을 뿐 아니라 그로 인해 어디든 자유롭게 다니며 사람들과 어울릴 수 있었습니다.

당신이 받은 구원이 이와 비슷하지 않습니까? 당신이 경험한 은혜는 어떤 것입니까?

예수가 내 인생에 들어오시면

Q 23

우리 같으면 병이 나은 게 고마워서 예수에게 인사라도 하러 돌아왔을 것 같은데, 나병환자 열 명 중에서 단 한 명만이 예수에게 돌아옵니다. 나머지는 병만 나았을 뿐 예수에게로 발길을 돌리지 않습니다. 은혜를 경험한 그리스도인들도 감사의 마음을 가지기는 하지만, 정작 감사를 표현하지 않는 경우가 많습니다. 은혜를 받아 변화가 있었지만, 더욱 깊어지지 않는 이유가 여기에 있습니다.

하나님의 은혜에 당신이 최근 감사를 표현한 것은 언제, 무엇 때문이었나요?

예수가 내 인생에 들어오시면

Q 24

하나님은 우리 인간과 달라서, 우리가 감사를 제대로 표하지 않아도 은혜를 베푸십니다. 그러나 하나님께 감사의 마음을 전하지 않고 당연히 여기면 영적으로 성장하지 못합니다. 점점 하나님의 은혜에 무감각해지고, 결국 마음속에서 기쁨이 사라집니다.

기독교 신앙은 하나님과의 관계입니다. 하나님이 당신을 아끼는 마음을 계속 표시하시는데도 전혀 반응하지 않는다면 그 관계가 깊어지거나 친밀해질 수 있을까요? 감사는 성장하기 위한 수단도 아니고, 그래야 하나님이 우리를 축복하시는 것도 아닙니다. 감사는 단지 관계를 맺고 사귐을 나눌 때 드러나는 특징입니다.

당신의 기도 생활과 예배에서 감사가 어떤 빈도와 깊이, 진정성을 가지고 있는지 살펴봅시다.

예수가 내 인생에 들어오시면

Q 25

돌아온 나병환자는 감사 이상을 보여 줍니다. 예수의 '발 앞에 엎드려' 감사를 표합니다. 자신을 깨끗게 하신 분의 얼굴을 감히 볼 수 없어서 땅에 얼굴을 대고 엎드립니다. 이것이 예배입니다. 은혜를 받은 사람이라면 은혜를 누리는 것에 머물지 말고, 그분의 발 앞에 엎드리는 시간이 필요합니다.

사실 예배는 하나님이 아니라, 내가 살기 위해서 꼭 필요합니다. 하나님의 뜻대로 살아가려면 거스르는 게 너무나 많은 이 세상에서 하나님의 자녀로 살아남으려면 그분과 동행해야 합니다. 그분의 도우시는 은혜를 인식하고 누려야 합니다. 하나님이 우리의 예배에 '고프신' 게 아니라, 세상 속에서 살아가는 우리가 예배에 '고플 수밖에' 없습니다.

당신은 '예수의 발 앞에 엎드리는 예배'를 언제, 어떤 자세로 드리고 싶습니까?

예수가 내 인생에 들어오시면

교회를 오래 다녔지만

6

"십자가를 물고 태어났는데 나는 왜 변하지 않을까?
왜 나에게는 생명력이 없을까?"

어떤 지도자가 예수께 물었다. "선하신 선생님, 내가 무엇을 해야 영생을 얻겠습니까?" 예수께서 그에게 말씀하셨다. "어찌하여 너는 나를 선하다고 하느냐? 하나님 한 분밖에는 선한 분이 없다. 너는 계명을 알고 있을 것이다. '간음하지 말아라, 살인하지 말아라, 도둑질하지 말아라, 거짓으로 증언하지 말아라, 네 부모를 공경하여라' 하지 않았느냐?" 그가 말하였다. "나는 이런 모든 것은 어려서부터 다 지켰습니다." 예수께서 이 말을 들으시고 그에게 말씀하셨다. "네게는 아직도 한 가지 부족한 것이 있다. 네가 가진 것을 다 팔아서, 가난한 사람들에게 나누어 주어라. 그리하면 네가 하늘에서 보화를 차지하게 될 것이다. 그리고 와서 나를 따라라." 이 말씀을 듣고서, 그는 몹시 근심하였다. 그가 큰 부자이기 때문이었다. 예수께서는 그가 [근심에 사로잡힌 것을] 보시고 말씀하셨다. "재물을 가진 사람이 하나님 나라에 들어가기는 참으로 어렵다. 부자가 하나님의 나라에 들어가는 것보다 낙타가 바늘귀로 들어가는 것이 더 쉽다." 이 말씀을 들은 사람들이 말하였다. "그렇다면, 누가 구원을 얻을 수 있겠습니까?" 예수께서 말씀하셨다. "사람은 할 수 없는 일이라도, 하나님은 하실 수 있다."
_누가복음 18장 18–27절 (새번역)

---

1. 영화를 보듯이 이 만남과 대화를 상상해 보십시오.

2. 예수에게 다가와 자신의 이야기를 하며 질문을 던지는 부자 청년의 마음을 상상해 보십시오.

3. 예수가 청년에게 단도직입적으로 말씀하셨을 때, 청년의 마음은 어떠했을까요?

4. 대화를 마치고 돌아서는 청년은 마음속으로 어떤 갈등, 고민이 있었을지 묵상하면서, 나의 마음속에는 이런 대화를 보고 어떤 고민이 생기는지 생각해 봅시다.

Q 26

어려서부터 성경의 계명을 모두 지켰다는, 자신만만한 유대인이 예수를 찾아옵니다. 예수는 그에게 십계명 중에서 제5-9계명을 지켰냐고 물으십니다.

당신에게 예수가 동일하게 물으시면 당신은 무엇이라고 답변하겠습니까? 당신에게 어떻게 교회생활, 신앙생활을 하고 있냐고 물으신다면 무엇이라고 답하겠습니까?

예수가 내 인생에 들어오시면

Q 27

예수는 스스로 선하다고 생각하는 그를 향해 하나님 말고는 아무도 선하지 않다고 못을 박고 대화를 시작하십니다. 그러고는 딱 한 가지를 요구하십니다. "네가 가진 것을 다 팔아서 가난한 사람들에게 나누어 주어라." 예수는 그의 아킬레스건이 무엇인지 곧바로 알아보고는 정확하게 타격하십니다. 이 말을 들은 그는 몹시 근심합니다. 큰 부자였기 때문이라고 성경은 말합니다.

누구에게나 숨겨진 우상이 있습니다. 당신에게 '이것 때문에 산다' 또는 '이것이 없으면 못 산다'라고 생각하게 하는 것이 우상입니다.

당신에게 하나님 말고도 없으면 안 된다고 생각하는 것이 있습니까? 무엇입니까? 그 이유는 무엇입니까?

예수가 내 인생에 들어오시면

Q 28

하나님은 숨은 우상을 폭로하는 데서 멈추시지 않습니다. 그것을 내려놓게 하십니다. 도저히 안 될 것 같았는데 포기하게 만드십니다. 그러고는 깨닫게 하십니다. '아, 그것들 없이도 내가 살 수 있구나!' 이런 깨달음은 우상이 아닌 하나님만이 주실 수 있는 통찰입니다.

'그게 없으면 살 수 없을 것 같았는데, 없어도 충분히 살 수 있구나'를 발견하는 것이 구원입니다. "하나님 당신을 얻었으니 다른 것은 없어도 괜찮아요. 당신을 얻었으니 다 얻은 거나 다름없어요"라고 이야기하는 것이 구원입니다. 하나님은 우리가 그 구원을 맛보기를 원하십니다. 숨은 우상에 좌지우지되지 않고 그것들에서 벗어나는 인생을 주려고 하십니다.

당신은 인생의 참된 주인을 만났습니까? 완전하지 않아도 당신은 그분을 얻었으니, 다른 어떤 것도 없어도 괜찮다고 고백할 수 있습니까?

예수가 내 인생에 들어오시면

Q 29

자유로워지는 것이 성장하는 것입니다. 숨은 우상을 품고 있는 한 자유로울 수 없습니다. 언제나 전전긍긍하며 그것들에 사로잡혀 살 수밖에 없습니다. 하나님은 우리가 무엇에도 거침이 없기를 바라십니다. 우리에게 가치 있는 것들, 우리가 책임져야 하는 것들, 하고 싶은 일들, 우리 주변의 모든 것이 사라져도 괜찮다는 마음을 품기 원하십니다. 하나님을 주인으로 여기며 산다고 생각했지만, 하나둘 숨은 우상들이 튀어나옵니다. 하나님은 그것들을 내려놓게 하시고, 우리를 그것들에서 자유롭게 만드십니다.

하나님으로 인해 자유로워져 가는 당신을 상상해 보십시오. 지금까지 어떤 것들로부터 자유로워졌고, 앞으로는 어떤 것으로부터 자유롭고 싶습니까?

예수가 내 인생에 들어오시면

Q 30

어릴 때부터 교회 다니면서 예배에 참석하고 여러 교회 활동을 했기에, 그것으로 자신이 지켜야 할 계명을 다 지켰다고 생각하는 우리를 하나님은 사랑하십니다. 하나님은 우리를 사랑하시기 때문에 우리가 숨겨 놓은, 아니 우리도 모른 채 우리 안에 숨어 있는 우상을 폭로하십니다. 우리를 진정한 자유에 이르게 하시기 위해서입니다. 나의 민낯을 마주할 때 무척 힘이 듭니다. 그러나 이를 통해 성숙과 자유에 점차 가까이 다가갑니다. 하나님과 함께하는 우리의 삶은 '유쾌한 폭로전'입니다.

나를 온전한 자유함에 이르게 하시려고 나의 숨겨진 우상을 폭로하시는 하나님의 나를 향한 사랑과 그분의 마음을 깊이 묵상하며 깊은 감사를 표현해 보십시오.

예수가 내 인생에 들어오시면

십자가의 예수를 만났지만

7

"나는 예수를 만나 예수와 함께 가는 사람인가?
예수를 만났으나 내 갈 길로 가는 사람인가?"

다른 죄수 두 사람도 예수와 함께 처형장으로 끌려갔다. 그들은 해골이라 하는 곳에 이르러서, 거기서 예수를 십자가에 달고, 그 죄수들도 그렇게 하였는데, 한 사람은 그의 오른쪽에, 한 사람은 그의 왼쪽에 달았다. [그 때에 예수께서 말씀하셨다. "아버지, 저 사람들을 용서하여 주십시오. 저 사람들은 자기네가 무슨 일을 하는지를 알지 못합니다."]
그들은 제비를 뽑아서, 예수의 옷을 나누어 가졌다. 백성은 서서 바라보고 있었고, 지도자들은 비웃으며 말하였다. "이 자가 남을 구원하였으니, 정말 그가 택하심을 받은 분이라면, 자기나 구원하라지." 병정들도 예수를 조롱하였는데, 그들은 가까이 가서, 그에게 신 포도주를 들이대면서, 말하였다. "네가 유대인의 왕이라면, 너나 구원하여 보아라." 예수의 머리 위에는 "이는 유대인의 왕이다" 이렇게 쓴 죄패가 붙어 있었다.
예수와 함께 달려 있는 죄수 가운데 하나도 그를 모독하며 말하였다. "너는 그리스도가 아니냐? 너와 우리를 구원하여라." 그러나 다른 하나는 그를 꾸짖으며 말하였다. "똑같은 처형을 받고 있는 주제에, 너는 하나님이 두렵지도 않으냐? 우리야 우리가 저지른 일 때문에 그에 마땅한 벌을 받고 있으니 당연하지만, 이분은 아무것도 잘못한 일이 없다." 그리고 나서 그는 예수께 말하였다. "예수님, 주님이 주님의 나라에 들어가실 때에, 나를 기억해 주십시오." 예수께서 그에게 말씀하셨다. "내가 진정으로 네게 말한다. 너는 오늘 나와 함께 낙원에 있을 것이다."

_누가복음 23:32-43절 (새번역)

---

1. 골고다 언덕에서의 마지막 처형 장면을 그린 영화가 많습니다. 이 본문을 읽으면서 그때의 상황을 그려 보십시오.

2. 두 명의 강도의 공통점과 차이점을 살펴보십시오.

3. 예수가 회개한 강도에게 하신 말씀의 의미가 무엇일지 묵상해 보십시오.

4. 당신은 두 명의 강도 중에서 누구에게 가깝습니까? 이유는 무엇입니까?

Q 31

죄인은 자신이 저지른 죄와 함께 살아갑니다. 십자가에 달린 죄인만이 아니라 우리도 과거의 선택에서 벗어나지 못합니다. 하지 말았어야 했던 일, 뒤바꿀 수 없는 선택들, 그로 인한 결과를 고스란히 안고 살아갑니다. 어쩌면 그 결과를 지고 천천히 고통을 겪으며 십자가에 달린 죄인들처럼 죽음을 향해 걸어가고 있는지 모릅니다.

무지했던 과거에서 누가 벗어날 수 있을까요? 하나님과 상관없이 수많은 결정을 내리고, 나와 내 사랑하는 이들이 그 영향을 받았다면…. 상상만 해도 가슴을 쓸어내리게 됩니다. 이처럼 심판은 현재형입니다. 불행하게도 두 죄인은 십자가 위에서 그 사실을 비로소 깨닫고 있습니다.

시간을 돌릴 수 있다면, 돌아가고 싶은 때가 있습니까? 어떤 결정이 당신을 가장 아프게 합니까?

예수가 내 인생에 들어오시면

Q 32

그리스도인 중에도 두 죄인처럼 예수를 들어서 알고 있는 이들이 적지 않습니다. 예수가 하나님의 아들이시라는 이야기, 그 예수가 우리의 죄를 위해서 죽으셨다는 이야기는 누구나 듣는 이야기입니다. 이를 믿기만 하면 구원을 받을 수 있다니, 보험 드는 셈 치고 예수를 믿기로 하는 사람도 있습니다.

그러나 예수가 부활하셨다거나 다시 오셔서 심판하신다는 말은 좀 비현실적이고 비합리적이라고 생각합니다. 그냥 믿기로 합니다. 예수에 대해 들은 것 중에서 일부만 취사 선택해서 나를 천당에 가게 하시는 존재 정도로만 믿습니다.

당신이 알고 있는 예수는 누구의 예수입니까? 누가 들려준 예수입니까? 아니면 당신이 만난 예수입니까?

예수가 내 인생에 들어오시면

Q 33

"저도 십자가 위에서 구원받은 강도처럼 죽기 직전에 예수 믿을 거예요"라며 여유 부리는 사람을 종종 만납니다. 하루하루 미루면 결국 내 인생에서 하나님 없이 산 날만 늘어납니다. 당연히 그 결과는 내 인생에 고스란히 남습니다.

하나님이 주시는 놀라운 삶과 이를 마다하고 하나님과 하나님의 원칙을 무시하고 살았기에 더 큰 고통들이 가중될 삶 중에서 당신은 어느 쪽을 택하기를 원합니까? 나중에 선택하겠다고 미루는 것이 괜찮은 선택일까요?

예수가 내 인생에 들어오시면

Q 34

마지막 기회를 얻은 두 죄인의 선택은 극적으로 갈립니다. 예수를 모독한 죄수도 사람들이 말하는 예수가 누구신지는 알았습니다. 그래서 이렇게 말합니다. "네가 그리스도라며. 그럼 너와 우리를 구원해 봐!" 그의 말은 '내가 지금 당하고 있는 고통에서 나를 구해 줘. 내 문제를, 내 필요를 내가 원하는 방식으로 지금 해결해 달라'는 것입니다.

자신이 원하는 예수를 믿기 원하는 사람들이 지금도 있습니다. 자신이 원하는 하나님상이 있습니다. 하나님이 이렇게 저렇게 해주셔야 한다고 생각합니다. 그런 하나님이 아니면 "그게 무슨 하나님이야?"라고 말합니다. 끊임없이 예수에 관해 듣지만 다른 사람들이 선택적으로 해석한 것을 듣고, 또 자신이 듣고 싶은 것만 받아들입니다. 자신이 원하는 예수상만 강화합니다. 자신이 원하는 예수만 믿을 때, 그 방향대로 예수를 끊임없이 재구성할 때 예수를 만났어도 삶에는 변화가 없습니다. 자기가 만들어 놓은 예수에 갇히고 맙니다.

오늘날 그리스도인들이 가장 빠지기 쉬운 자기만의 하나님상(예수상)은 무엇일까요? 당신이 듣거나 본 하나님상 중에 가장 왜곡된 모습은 무엇입니까? 당신이 그 같은 함정에 빠지지 않으려면 어떤 노력을 기울여야 할까요?

예수가 내 인생에 들어오시면

Q 35

예수를 오래 믿어도 변하지 않는 사람들의 공통점은 예수와 배타적으로 보내는 시간이 없다는 것입니다. 인생의 최우선순위에 그분과의 만남을 두지 않습니다. 내가 원하는 예수가 아니라 성경이 가르치는 예수가 누구신지를 알아 가는 특권을 누리지 않습니다.

우리는 예수를 알아 가면서 그분을 통해 우리 자신을 성찰합니다. 주변 사람에 자신을 비추어 보는 것은 '자기 비교'밖에 안 됩니다. '자기 성찰'은 하나님 앞에서 자신을 돌아보는 것입니다. 그때 내 진짜 모습이 나타나고 내 속에 숨은 우상들이 드러나기 시작합니다. 성찰의 시간이 없으면 신앙이 오히려 이상한 인간상을 만들어 낼 수 있습니다. 속칭 신앙이라는 이름으로 자기 생각을 끊임없이 합리화하는 사람이 태어납니다. 그것은 거짓 신앙입니다.

당신의 신앙은 어느 쪽을 향하고 있습니까? 합리화가 아니라 진정한 성찰을 위해서 당신에게 필요한 것은 무엇입니까?

예수가 내 인생에 들어오시면

예수가 내 인생에 들어오시면

예수를 만난 일곱 사람 속에 있는 나의 모습

나의 모습을 있는 그대로 성찰하는 것은 참으로 소중한 일이 아닐 수 없습니다.
예수를 만난 일곱 사람 속에서 발견한 나의 모습을 적어 봅시다.

- 관심을 가졌지만
  죄인들과 함께하신 예수를 관찰하고 있는 바리새인과 율법학자들

- 영접했지만
  예수를 자신의 집에는 영접했지만 마음에는 영접하지 않은 시몬

- **열심히 믿었지만**
  병이 치유된 혈루증 환자 주변에 있었던 수많은 병자들

- **성경을 많이 배웠지만**
  성경을 연구하고 열심히 말씀을 가르치던 바리새인과 율법학자들

- **은혜를 입었지만**
  극적인 치유의 은혜를 입었지만 돌아오지 않은 아홉 명의 나병환자

- 교회를 오래 다녔지만
  신앙생활을 누구보다 잘했다지만 숨겨진 우상을 가지고 있는 부자 청년

- 십자가의 예수를 만났지만
  마지막 순간에도 예수를 받아들이지 않은 강도

일곱 사람을 찾아오신 예수가 나에게는?

부활하셔서, 지금도 살아 계신 예수는 오늘도 사람들을 만나십니다. 이미 신앙이 있다고 생각하는 사람들에게 예수는 찾아가셔서, 그들을 섬세하게 만져 주십니다. 그리고 그들이 변화할 수 있는 길을 열어 주십니다. 그 예수가 오늘 나를 향해서 다가오십니다. 나는 어떤 예수를 만났습니까? 내가 새롭게 발견한 나에게 다가오시는 예수에 대해 적어 봅시다.

- **관심을 가졌지만**
  건강의인이 아니라 회개하기를 원하는 죄인과 함께 잔치하시는 예수

- **영접했지만**
  단순한 관심과 존경이 아니라, 우리의 마음에 영접되기를 원하시는 예수

- 열심히 믿었지만

  값없이 주신 은혜에 감격하며 그 발 앞에 엎드리기를 기다리시는 예수

- 성경을 많이 배웠지만

  성경 묵상과 성찰을 통해 자신과 세상을 선명하게 바라보기를 원하시는 예수

- 은혜를 입었지만

  베푸신 사랑과 은혜에 인격적인 반응을 기대하시는 예수

- 교회를 오래 다녔지만
  내 속에 숨겨진 우상을 내게 끊임없이 폭로하시는 예수

- 십자가의 예수를 만났지만
  하나님 나라를 가져오신 메시아로 오늘 우리와 함께하기를 원하시는 예수

예수를 알아 가고, 만나고, 따라가는 것을 돕는 자료들

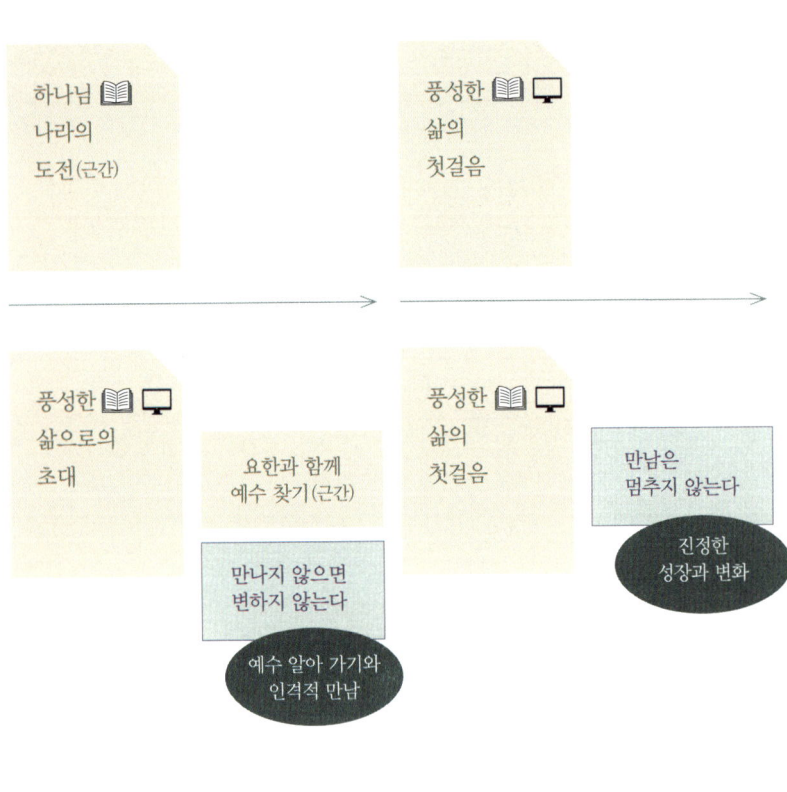

 워크북
 영상강의
🎧 음성강의

풍성한 삶의 기초

제자훈련, 기독교의 생존 방식

공동체, 기독교의 삶의 방식 (근간)

청년아 때가 찼다

교회 안의 거짓말

한국교회가 잃어버린 주기도문

교회를 꿈꾼다

사도행전과 하나님 나라

| 하나님 나라 복음에 기초한 제자훈련 | 공동체 신학 |

사명선언문

너희가 흠이 없고 순전하여……세상에서 그들 가운데 빛들로
나타내며 생명의 말씀을 밝혀 _ 빌 2:15-16

1. 생명을 담겠습니다
만드는 책에 주님 주신 생명을 담겠습니다.
그 책으로 복음을 선포하겠습니다.

2. 말씀을 밝히겠습니다
생명의 근본은 말씀입니다.
말씀을 밝혀 성도와 교회의 성장을 돕겠습니다.

3. 빛이 되겠습니다
시대와 영혼의 어두움을 밝혀 주님 앞으로 이끄는
빛이 되는 책을 만들겠습니다.

4. 순전히 행하겠습니다
책을 만들고 전하는 일과 경영하는 일에 부끄러움이 없는
정직함으로 행하겠습니다.

5. 끝까지 전파하겠습니다
모든 사람에게, 땅 끝까지, 주님 오시는 그날까지
복음을 전하는 사명을 다하겠습니다.

서점 안내

광화문점 서울시 종로구 새문안로 69 구세군회관 1층
02)737-2288 / 02)737-4623(F)

강남점 서울시 서초구 신반포로 177 반포쇼핑타운 3동 2층
02)595-1211 / 02)595-3549(F)

구로점 서울시 동작구 시흥대로 602, 3층 302호
02)858-8744 / 02)838-0653(F)

노원점 서울시 노원구 동일로 1366 삼봉빌딩 지하 1층
02)938-7979 / 02)3391-6169(F)

분당점 경기도 성남시 분당구 황새울로 315 대현빌딩 3층
031)707-5566 / 031)707-4999(F)

일산점 경기도 고양시 일산서구 중앙로 1391 레이크타운 지하 1층
031)916-8787 / 031)916-8788(F)

의정부점 경기도 의정부시 청사로47번길 12 성산타워 3층
031)845-0600 / 031) 852-6930(F)

인터넷서점 www.lifebook.co.kr